TEMPLE ET HOSPICE

DU

MONT-CARMEL,

EN PALESTINE.

PAR

MM. Alexandre DUMAS et Adolphe DUMAS,

Au nom du comité de Paris.

FRÈRE JEAN-BAPTISTE,

ARCHITECTE DU CARMEL.

Peut-être avez-vous depuis quelques jours rencontré dans les rues de Paris un beau moine carme, à figure austère, à longue barbe grisonnante, couvert d'un manteau levantin, et le corps entouré d'une ceinture arabe; si vous lui avez adressé la parole, il vous a répondu dans le plus pur romain qui se puisse parler, car il est de Frascati, de la famille de Cassini; et si, poussé par la curiosité, vous lui avez demandé, en voyant ce magnifique et grand costume, presque oublié maintenant dans notre France, de quelle religion il était, il vous aura répondu qu'il était de la religion qui conduisit Godefroy-de-Bouillon à Jérusalem, et saint Louis à Tunis.

C'est une histoire bien simple, mais bien édifiante pour nous autres chez qui la foi commence à renaître, que l'histoire de cet homme.—La voici :

En 1819, frère Jean-Baptiste, qui habitait Rome, reçut mission de partir pour la terre sainte, et de voir, en sa qualité d'architecte, quel moyen il y aurait à employer pour rebâtir le couvent du Carmel.

Le Carmel, comme on sait, est une des montagnes saintes : ainsi que l'Horeb et le Sinaï, elle a été visitée par le Seigneur; située entre Tyr et Césarée, séparée de Saint-Jean-d'Acre seulement par un golfe, à cinq heures de distance de Nazareth et à deux journées de Jérusalem. Lors de la division des tribus, elle échut en partage à Azer, qui s'établit à son septentrion; à Zabulon, qui s'empara de son orient, et à Issachar, qui posa ses tentes à son midi. Du côté de l'occident, la mer vient baigner sa base qui s'avance, fait une pointe entre ses flots, et se présente de loin au pèlerin qui vient d'Europe comme le point le plus avancé de la terre sainte sur lequel il puisse tomber à genoux.

Ce fut sur le sommet du Carmel qu'Élie donna rendez-vous aux huit cent cinquante faux prophètes envoyés par Achab, afin qu'un miracle décidât, aux yeux de tous, quel était le véritable Dieu, de Baal ou de Jehovah. Deux autels alors furent élevés sur le plateau de la montagne, et des victimes amenées à chacun d'eux; les faux prophètes crièrent à leurs idoles, qui restèrent sourdes. Élie invoqua Dieu, et à peine s'était-il agenouillé qu'une flamme descendit du ciel et dévora tout à la fois non-seulement le bois et la victime, mais encore la pierre du sacrifice. Les faux prophètes vaincus furent égorgés par le peuple, et le nom du vrai Dieu fut glorifié; cela arriva neuf cents ans avant le Christ.

Depuis ce jour le Carmel est resté dans la possession des fidèles : Élie laissa à Élisée non-seulement son manteau, mais encore sa grotte; à Élisée succédèrent les fils des prophètes, qui sont les ancêtres de saint Jean. Après la mort du Christ, les religieux qui l'habitaient passèrent de la loi écrite à la loi de grâce. Trois cents ans après, saint Bazile et ses successeurs donnèrent à ces pieux cénobites des règles particulières. A l'époque des croisades, les moines abandonnèrent le rit grec pour le rit romain, et de saint Louis à Bonaparte, le couvent bâti sur l'emplacement même où le prophète dressa son autel, fut ouvert aux voyageurs de toute religion et de tout pays; et cela gratuitement, à la glorification de Dieu et d'Élie, lequel est en égale vénération aux rabbins, qui le croient occupé à écrire les événements de tous les âges du monde; aux mages de Perse, qui disent que leur maître Zoroastre a été disciple de ce grand prophète, et enfin aux musulmans, qui pensent qu'il habite une oasis délicieuse, dans laquelle se trouvent l'arbre et la fontaine de la vie, qui entretiennent son immortalité.

La montagne sainte avait donc été vouée au culte du Seigneur pendant deux mille six cents ans, lorsque Bonaparte vint mettre le siége devant Saint-Jean-d'Acre. Alors le Carmel ouvrit, comme toujours, ses portes, non plus aux pèlerins et aux voyageurs, mais aux mourants et aux blessés. A huit cents ans de distance l'un de l'autre, il avait vu venir à lui, Titus, Louis IX et Napoléon.

Ces trois réactions de l'Occident sur l'Orient lui furent fatales; après la prise de Jérusalem par Titus, les soldats romains le dévastèrent; après l'abandon de la terre sainte par les chrétiens les Sarrasins égorgèrent ses habitants; enfin, après l'échec de Bonaparte devant Saint-Jean-d'Acre, les Turcs s'en emparèrent, massacrèrent les blessés français, dispersèrent les moines, brisèrent portes et fenêtres, et laissèrent le saint asile inhabitable.

Il ne restait donc du couvent que des murs ébranlés, et de la communauté qu'un seul frère qui s'était retiré à Kaïfa, lorsque le frère Jean-Baptiste reçut de son général l'ordre de se rendre au Carmel, et de voir dans quel état les infidèles avaient mis la sainte hôtellerie de Dieu, et quels étaient les moyens de la réédifier.

Le moment était mal choisi, Abdallah-Pacha commandait pour la Porte, et ce ministre du sultan portait une profonde haine aux chrétiens; cette haine s'augmenta encore de la révolte des Grecs. Abdallah écrivit au sublime empereur que le couvent du Carmel pourrait servir de forteresse à ses ennemis, et demanda la permission de le détruire : elle lui fut facilement accordée. Abdallah fit miner le monastère, et l'envoyé de Rome vit sauter les derniers débris de l'édifice qu'il était venu pour reconstruire. Dès lors toute terre cultivée redevint sauvage aux environs du Carmel : les tigres et les panthères, chassés par le voisinage de l'homme, reparurent quand l'homme se fut éloigné; et les Arabes et les chakals, ces enfants du désert, vinrent dresser leur tente et creuser leur tanière au milieu des ruines qui avaient été la maison de Dieu. Et là, où l'hospitalité était exercée autrefois, comme au Saint-Bernard et à la Chartreuse, les voyageurs périrent, assassinés par les Bédouins ou dévorés par les bêtes féroces. Cela se passait en 1821. Il n'y avait plus rien à faire au Carmel, le frère Jean-Baptiste revint à Rome

Cependant il n'avait point renoncé à son projet. En 1826, il partit pour Constantinople, et, grâce au crédit de la France, son ambassadeur obtint, de Mahmoud, un firman qui autorisait la reconstruction du monastère; il revint alors à Kaïfa, et trouva le dernier moine mort.

Alors il gravit tout seul la montagne sainte, s'assit sur un débris de colonne byzantine, et là, son crayon à la main, architecte élu pour la réédification de la maison du Seigneur, il fit le plan d'un nouveau couvent plus magnifique qu'aucun de ceux qui avaient jamais existé : puis après ce plan, le devis; le devis se montait à 350,000 fr.; puis enfin le devis arrêté, l'architecte miraculeux qui bâtissait ainsi avec la pensée, sans s'occuper de l'exécution, alla à la première maison venue demander un morceau de pain pour son repas du soir.

Le lendemain il commença à s'occuper de trouver les trois cent cinquante mille francs nécessaires à l'accomplissement de son œuvre sainte.

La première chose à laquelle il pensa, fut de créer un revenu à la communauté qui n'existait pas encore; il avait remarqué à cinq heures de distance du Carmel, et à trois heures de Nazareth, deux moulins à eau abandonnés, soit par les suites de la guerre, soit parce que l'eau qui les faisait mouvoir, s'était détournée. Il chercha si bien, qu'à une lieue de là il trouva une source que, par le moyen d'un aqueduc, il pouvait conduire jusqu'à ces usines. Cette trouvaille faite, et certain qu'il pouvait remettre les moulins en mouvement, il s'occupa de les acquérir.

Ils appartenaient à une famille de Druses : c'était une tribu qui descendait de ces Israélites qui adorèrent le veau d'or; ils avaient conservé l'idolâtrie de leurs pères, et les femmes aujourd'hui portent encore, pour coiffure, la corne d'une vache, simplement arrachée au front de l'animal chez les femmes pauvres, et argentée et dorée chez les femmes riches. Cette famille, qui se composait d'une vingtaine de personnes, ne voulut pas se défaire du terrain légué par ses ancêtres, quoique ce terrain ne rapportât rien ; elle aurait cru faire une impiété. Le frère Jean-Baptiste lui offrit de louer ce terrain qu'elle ne voulait pas vendre. Le chef consentit à cette dernière condition ; le revenu des moulins devait être divisé par tiers : un tiers aux propriétaires, et les deux autres tiers aux bailleurs.

Car les bailleurs devaient être deux : l'un apportait son industrie, et celui-là c'était le frère Jean-Baptiste ; mais il fallait qu'un autre apportât l'argent nécessaire aux frais de réparation des moulins et de construction de l'aqueduc. Le frère Jean-Baptiste alla trouver un Turc de ses amis qu'il avait connu dans son premier voyage, lui demanda 9,000 francs pour sa laborieuse entreprise ; le Turc le conduisit à son trésor, car les Turcs, qui n'ont ni rentes ni industrie, ont encore à cette heure, comme dans les *Mille et une Nuits*, des tonnes d'or et d'argent. Le frère Jean-Baptiste y prit la somme dont il avait besoin, affecta au remboursement de cette somme le tiers de la rente des moulins, et grâce à cette première mise de fonds faite par un musulman, l'architecte put jeter les fondements de son immense entreprise : d'intérêts il n'en fut pas question, et cependant il fallait au moins douze ans pour que sa part dans la rente chrétienne couvrît le sectateur du prophète de l'avance qu'il venait de faire.

Savez-vous rien de plus simplement grand que ce chrétien qui va demander de l'argent à un Turc, pour rebâtir la maison de Dieu, et rien de plus grandement simple que ce Turc qui le prête ?

C'est que la réédification du Carmel était non-seulement une question de religion, mais encore d'humanité ; c'est que le Carmel est une hôtellerie sainte où sont reçus, sans payer, les pèlerins de toutes les croyances, les malheureux de tous les pays, et où celui qui arrive n'a qu'à dire, pour trouver un lit et un repas : Frère, je suis fatigué et j'ai faim.

Bientôt le frère Jean-Baptiste partit pour sa première course, laissant le soin de l'exécution de son aqueduc et de la réparation de ses moulins à un néophyte intelligent. En partant, il écrivit que ceux qui voulaient se réunir au supérieur des carmes d'Orient n'avaient qu'à venir, et que dans quelque temps un monastère s'élèverait pour les recevoir. Alors il parcourut les côtes de l'Asie Mineure, les îles de l'Archipel et les rues de Constantinople, demandant partout l'aumône au nom du Seigneur, et six mois après il revint rapportant une somme de 20,000 francs, suffisante aux premières dépenses de son édifice. Enfin, le jour de la Fête-Dieu, sept ans, heure pour heure, après qu'Abdallah-Pacha avait fait sauter les mur de l'ancien couvent, il posa la première pierre du nouveau.

Mais à la fin de l'année, cette première somme fut épuisée : alors le frère Jean-Baptiste repartit pour la Grèce et pour l'Italie ; et porteur d'une somme considérable, il revint une seconde fois ramenant la vie au monument qui continua de grandir, et qui déjà, à cette époque, était assez achevé pour donner l'hospitalité. Lamartine, Taylor, Champmartin et Dauzatz, y furent logés dans leurs voyages en Palestine.

Et c'est ainsi que, sans se lasser, le frère Jean-Baptiste, quoique âgé aujourd'hui de soixante ans, poursuivit son œuvre ; il partit onze fois du Carmel, et y retourna onze fois. Pendant six ans que durèrent ses courses, il visita tout un hémispère ; il alla à Jérusalem, à Damas, à Béruth, à Tir, à Sidon, à Jaffa, à Rosette, à Alexandrie, au Caire, à Rama, à Tripoli de Syrie, au mont Liban, à Smyrne, à Malte, à Athènes, à Constantinople, à Tunis, à Tripoli d'Afrique, à Syracuse, à Girgente, à Palerme, à Tarente, à Alger, à Tunis, à Gibraltar ; il pénétra jusqu'à Maroc. Il parcourut toute l'Italie, toute la Corse, toute la Sardaigne, toute l'Espagne, une partie de l'Angleterre ; puis enfin la France, qui ne voulant pas être moins pieuse que le reste du monde, vient de contribuer pour sa part à cette œuvre d'humanité qui s'opère là où s'accomplit l'œuvre de Rédemption.

Aujourd'hui, le frère Jean-Baptiste a déjà recueilli 230,000 fr.

Et maintenant, quand vous verrez passer ce saint homme inclinez-vous ; car, au milieu de notre époque sans croyance, survit en lui un cœur qui a la foi.

ALEXANDRE DUMAS.

LE FRÈRE CHARLES,

APRÈS LE FRÈRE JEAN-BAPTISTE.

Celui qui écrivait, en 1837, la notice qu'on vient de lire sur le frère Jean-Baptiste, ne se doutait guère alors qu'en 1844 il aurait son continuateur, comme le pieux carme le sien. Le bon et vénérable Charles vous dira ce qui reste à faire après Jean-Baptiste, son frère en Dieu : voyons ce qui reste à écrire après Alexandre Dumas, aussi notre frère en poésie.

Il vous a tout raconté avec son savoir de bien raconter toute chose. Le Carmel, Élie, Élisée, les huit cents faux prophètes, et cette montagne où l'éternel holocauste fume depuis trois mille ans au nom du père ou du fils ; l'histoire de la France qui se mêle depuis le onzième siècle à celle des lieux saints; Godefroy, saint-Louis, Bonaparte, il vous a dit toute cette gloire française; il ne faut pas vouloir dire mieux que lui.

Ce qu'il n'a pas dit assez peut-être, c'est que le sol même du Carmel, depuis saint Louis, est une propriété française. Le fonds et la glèbe sont à nous; le Carmel acheté par le roi de France, confisqué et toujours restitué, voilà depuis huit cents ans l'histoire de cette petite patrie qui flotte sur ce promontoire, avec notre drapeau à son sommet. Le poëte aurait pu ajouter une belle page de Virgile sur deux mille soldats des pyramides, laissés malades après la retraite de Saint-Jean-d'Acre, et cruellement massacrés sur leurs lits dans l'hospice même du Carmel. S'il avait touché à ces pierres et à ce ciment de cette maison dont on relève les ruines, il vous aurait fait voir que le sang qu'ils contiennent en fait pour nous autant de reliques, et s'il avait arraché un roseau de la montagne, comme le poëte latin, il aurait peut-être retiré des racines toutes saignantes. Nous pouvons dire, après lui, avec quelle piété les ossements de deux mille Français ont été gardés dans des grottes pendant vingt ans et murés dans le creux des rochers pour être bien dérobés aux dernières insultes; et combien le culte de quelques braves moines, pour un héroïsme si différent du leur, est touchant et remue. Ce n'est pas tout; pour rendre aux bons religieux leur dévouement à des soldats morts, c'est un soldat qui relève le Carmel avec un moine. Le rétablissement du couvent et hospice, en 1826, est l'œuvre de la France et de l'ambassadeur français à Constantinople, le général Guilleminot. Le général comte de Fernig, son beau-frère, eut aussi ses pèlerinages longs et pénibles de Constantinople au Carmel, et du Carmel à Constantinople, pour obtenir ce firman, qui fut une charte de liberté, sous la protection de la France; il y aurait à représenter, à côté du moine latin qui travaille pour sa religion, un brave de la république qui va revoir ses champs de bataille d'Orient et n'ayant plus à combattre à côté de Bonaparte sur le plateau du Carmel, regarde les ossements de ses frères, à peine enfouis dans un cimetière abandonné, et dit, au nom de sa patrie: « Cette terre ne leur sera plus étrangère, un hospice français sera bâti là. »

Mais revenons à notre exposé. Le frère Charles a succédé au frère Jean-Baptiste dans sa mission de relever les murailles du Carmel, et c'est là que recommence cette narration des faits. Les premières quêtes n'avaient pas suffi. Le pieux architecte, comme tous les architectes du monde, s'est trouvé à court de toute la somme des dépenses imprévues! L'hospice est achevé, mais il n'a pas de toiture. La propriété du Carmel est assurée par un firman de Constantinople, mais il manque un mur d'enceinte qui le défende, à défaut d'un préfet de police, qui n'existe pas. Les pauvres religieux et les pèlerins de passage n'y sont pas plus en sûreté avec les Arabes qu'avec les sangliers et les chakals qui viennent la nuit se promener jusque dans les dortoirs ou labourer le cimetière. Enfin, le couvent n'a rien, absolument rien, que l'hospitalité à donner aux voyageurs et aux pèlerins, pas de revenu, pas de culture, pas de labour sur la montagne dévastée qui ne nourrit plus ses maîtres depuis longtemps et les constructions ont absorbé les aumônes.

Déjà le général de l'ordre des carmes, qui est à Rome, avait voulu, par discrétion, renoncer à de nouvelles quêtes. Il craignait dans une lettre que nous avons lue, *d'éprouver trop et trop de fois la charité des chrétiens, et surtout celle de la France.* Le général comte de Fernig et le baron Taylor, qui savent que la France par les idées et par les bienfaits, est la nourrice du genre humain, ont rassuré le bon père, et le frère Charles, bien sûr de n'être pas importun, a repris le bâton du frère Jean-Baptiste; il a passé les Alpes, et c'est lui que vous avez vu cet hiver à Paris, partout et chez tous. Les artistes et les hommes de lettres ont eu le plus de part à ses bontés. Il est venu s'asseoir en ami à leur foyer; dans un langage français, qui reste toujours un peu italien, avec autant de savoir qu'il en faut pour être le plus humble des hommes, il a fait comme Pierre l'Ermite, des récits sur les misères des chrétiens d'Orient, qui dans d'autres temps eussent soulevé toute la chrétienté. La démocratie en Europe, et l'esclavage en Amérique, n'ont rien de plus lamentable que le sort de nos frères d'Asie. Les quêtes à domicile se sont ainsi changées en questions d'histoire, de morale et de religion, et frère Charles s'est trouvé plus riche qu'il ne croyait, car au lieu d'aumônes il avait gagné à lui huit cents intelligences, qui sont à peu près la plus grande et la meilleure richesse de la France. Tous les noms ont voulu s'inscrire pour un ouvrage signé. Tout ce qui tient pinceau ou plume entre ses doigts a voulu en être. Tout le monde a compris qu'il ne s'agissait plus simplement d'une muraille ou d'une toiture de maison, et que derrière le Mont-Carmel il y a sept millions d'hommes. On n'avait demandé que le *denier de Saint-Pierre*, voilà presque une croisade et une *dîme de Saladin.*

Le frère Charles se confond en humilités devant un tel concours et ne peut pas comprendre qu'il soit donné à un peuple comme la France de se charger ainsi des malheurs et des misères de tous les peuples. Il saura plus tard comment la guerre autrefois n'a jamais tiré le canon sans nous, et pourquoi la civilisation aujourd'hui ne peut pas avoir une idée sans nous. En attendant cela s'appelle l'œuvre du Mont-Carmel.

Certes il est beau de coloniser en Amérique et d'organiser des colonies à l'image de la métropole comme l'ancienne Rome pour faire arriver un jour des esclaves à la liberté municipale; c'est un droit de nature qu'il faudra écrire aujourd'hui ou demain dans le droit civil et ce sera juste : c'est encore à la religion de l'Évangile qu'on devra cette égalité universelle devant la loi commune, et le jour de l'affranchissement des derniers esclaves sera celui du plus grand triomphe du christianisme depuis dix-huit siècles; mais d'où viennent ces préoccupations verbeuses, toujours si faciles à la politique, sur des hommes si éloignés de nous et qui en sont au commencement de toute société, lorsqu'à dix jours de navigation de Marseille la moitié de notre société chrétienne, avec nos idées, nos croyances, notre vie même et nos espérances futures, est séparée de l'autre moitié, comme par un cataclysme et vit sous le fouet et sous le sabre, non-seulement avec ses instincts de liberté captifs, mais avec ses droits confisqués ? Il y a longtemps que cela dure et que ce spectacle est donné au monde, à la confusion des hommes et de Dieu même. La civilisation a été coupée en deux par un coup de sabre qui l'a jetée libre en Occident, esclave en Orient. Nous ne voulons pas déclarer la guerre à ce droit de la conquête que la politique tolère encore pour le repos des peuples. Nous constatons le fait, voilà tout : c'est une calamité profonde et une profonde pitié.

Nous n'hésitons pas à le dire : pour les philosophes comme pour les chrétiens, quelles que soient les dissidences d'opinions ou de croyances, l'occupation des lieux saints et la condition des chrétiens d'Orient sont le fait le plus inexplicable et le plus violent de l'histoire moderne. Aussi, pendant que la philosophie discute le dogme pour savoir où est la vérité religieuse, les philosophes sont tous d'accord sur la question d'humanité : cette situation des hommes et des choses est fausse et injuste. Ne vous étonnez pas si un pauvre religieux qui vient vous la raconter de si loin au coin de votre foyer, réveille en vous je ne sais quelle fraternité pour des frères inconnus. Ce n'est pas que parce que vous êtes chrétien, c'est parce que vous êtes homme.

Cela s'est fait ainsi que je vous le dis. Le frère Charles possède un album, d'un bien grand prix, où tout Paris a déposé ses vœux, en vers et en prose, pour le succès de l'œuvre du Mont-Carmel. Bonnes âmes, qui ne savent pas que cette sanction unanime, si elle était publiée, serait le livre le plus touchant de ce temps. Ce livre existe, hommes et femmes, artistes et poëtes, tous ont dit sur une page une pensée sécrète ; le cœur est là en quatre mots, le génie en quatre vers ; quand la foi n'y est pas, c'est encore de l'amour et de la charité, et pour qu'on n'en doute pas, chacun accompagne son vœu du don de ses œuvres. Reste à expliquer pourquoi toute cette bienfaisance publique se porte sur un couvent de la terre sainte, le voici :

L'Orient a gardé ses communautés religieuses, et il en a besoin ; c'est la seule vie commune pour ceux qui souffrent ensemble là-bas, et qui *s'aiment les uns les autres* selon le précepte de saint Jean. L'Orient a conservé ses couvents et il a eu raison ; c'est le seul point où se concentrent ses intérêts humains mêmes, indépendamment de la foi. Ces foyers épars à Bethléem, à Nazareth et à Jérusalem, sont semés çà et là comme les feux mal éteints de la civilisation qui se rallume. Le Carmel est un de ces couvents ; de plus c'est un hospice et un hôpital pour nos voyageurs et pour nos malades. Depuis nos croisades l'ordre des Hospitaliers de Saint-Lazare, qui s'est formé en Palestine des premiers compagnons de Godefroy, pour le service de nos compatriotes blessés loin de la patrie, s'est joint à l'ordre des Carmes, et garde le caractère chrétien, humain et français de sa première institution. On vous a dit que le Carmel est un lieu saint de tous les temps, dont il faut transmettre la perpétuité à la mémoire des hommes; que le souvenir de la France est là, jusque dans le cimetière, avec les ossements des soldats de Napoléon, et qu'il faut relever la maison des Frères Hospitaliers et l'asile de nos pèlerins, de nos marins, de nos artistes, de nos malades et de nos morts; tout cela est vrai.

Mais ce qu'il faut ajouter pour faire comprendre toute la portée de l'œuvre, c'est que la fondation de ces colonies chrétiennes est peut-être le seul moyen de transformer pacifiquement l'Orient. La Gaule eut aussi ses conquérants au quatrième siècle de notre histoire. Les compagnons de Clovis n'y regardaient pas de plus près avec la liberté des vaincus. Qu'arriva-t-il? la civilisation d'alors se réfugia dans les cloîtres, travailla, pria, et attendit. Les fondations pieuses se multiplièrent, et un beau jour, les maîtres injustes se réveillèrent au milieu de leur domination, captifs dans un réseau de monastères qui les entourait de toute part. Au temps des croisades, les Francs de Clovis et les pairs de Hugues Capet, n'étaient plus que des soldats de la croix. Attendons l'histoire; il n'appartient qu'au christianisme de faire des révolutions avec de la patience, et de changer des empires avec des prières et des aumônes.

Nous avions dit les plans des architectes du Carmel, voilà ceux des philosophes chrétiens, qui composent le comité de Paris. Relever des hommes, s'il est possible, après avoir relevé des murailles.

Ces éclaircissements nous ont été demandés par les départements, et nous les écrivons sous les yeux du comité même, à tous ceux qui ont voulu savoir la raison de l'OEuvre et son utilité. Sans doute l'épiscopat et le clergé des provinces trouveront très-conforme aux préceptes de l'Évangile, en dehors de toutes préoccupations publiques, le dévouement des artistes et hommes de lettres de Paris, les autorités locales protégeront une pensée véritablement libérale; tous ceux qui savent faire le bien partageront nos devoirs, et nos confrères de Paris nous sauront gré d'avoir compris et fait comprendre dignement toute la grandeur de leurs bienfaits.

Un dernier mot pour terminer. N'admirez-vous pas ceci : toutes les fois que quelqu'un souffre dans le monde, il se tourne du côté de la France. Rome avait ainsi des empires dans sa clientelle ; nous, nous avons les instincts des peuples. Ils disent tous : *si la France le savait*, comme on le disait autrefois du roi. Il a eu raison le bon frère Charles d'écouter cette confiance des nations pour la nôtre, et de venir à nous. Sa plainte a été entendue, il s'en retournera persuadé que les lettres et les arts ne sont pas morts en France, et qu'il y a là, quoi qu'on dise, toujours une veine ouverte et du sang le plus pur. Maintenant si vous rencontrez le frère Charles, l'honnête et le respectable frère Charles à Paris ou dans les départements, il vient au nom du Seigneur, au nom de son ordre, et au nom du comité ; accueillez-le dans votre maison, donnez-lui votre siége le plus ami ; il vous redira les lamentations de Nazareth, de Bethléem, de Jérusalem et du Carmel, et vous croirez entendre quelque chose de ces harpes désolées, qui pleurent depuis des mille ans dans les marais de l'Égypte, sur les fleuves de Babylone, aux bords du Jourdain, ravagés par tous les conquérants égyptiens, assyriens, romains et autres. Pauvres harpes de la sagesse et de la poésie, de la justice et de la religion, toujours dans l'exil, et maintenant suspendues à la crinière d'un cheval ou au sabre d'un pacha ; et si vous vous sentez ému, vous serez fier aussi qu'on vienne aux extrémités de l'Occident faire, de tels malheurs, un appel à la justice de votre patrie.

Adolphe DUMAS.

Les lots offerts par les artistes ont été si nombreux qu'il a fallu changer de local. De hautes sympathies sont venues au devant du comité et lui ont ouvert le palais du Luxembourg.

L'exposition aura lieu très-prochainement.

Le comité, dont les noms suivent, est en permanence à Paris.

COMITÉ DE L'ŒUVRE DU MONT-CARMEL.

MM.

Le comte de FERNIG, président.
RAOUL-ROCHETTTE.
MAZAURIC.
Le baron TAYLOR.
Le comte D'ASTIER.
HALEVY.
SPONTINI.
DAUZATZ.
ÉMILE DESCHAMPS.
ALEXANDRE DUMAS.
ADOLPHE DUMAS.
Baron DE MAISTRE, trésorier.
INGRES.
Le prince de la MOSKOVA.
Le prince DE CRAON.
D'ANTHOINE.
LÉON COGNIET.
CHARLES DE TOURNEMINE.
Comte JULES DE CHABRILLANT.

MM.

Comte de MONTALEMBERT, pair de France.
Comte LÉON DE LABORDE.
ALFRED DE VIGNY.
ARTAUD DE MONTOR.
HORACE VERNET.
DONIZETTI.
ROGER DE BEAUVOIR.
ALTAROCHE.
JULES JANIN.
LÉON GOZLAN.
DE NANTEUIL.
POUJOULAT.
DE LAMARTINE.
VICTOR HUGO.
BALLANCHE.
VARELA.
Marquis de JUMILLAC.
BESUCHET.

L'association du Mont-Carmel met sous la protection des autorités religieuses et civiles des départements, le frère Charles d'Ogni-Santi, et prie les personnes notables et charitables, dans les principales villes de France, d'organiser, en vue des mêmes bienfaits, des comités pour correspondre avec le comité central de Paris.

Un comité dans chaque ville suffirait pour former une souscription générale des plus petites contributions réunies; la charité de tous soulagerait ainsi de beaucoup la charité de chacun. Le comité indique ce moyen comme le meilleur, le plus convenable et le moins onéreux à la bienfaisance publique.

Les comités des départements peuvent s'adresser pour tout ce qui a rapport à l'œuvre,

A MM. le général comte de Fernig, président, 36, rue de la Victoire.

Le baron DE MAISTRE, trésorier, 20, boulevard des Italiens.

PARIS. — IMPRIMERIE DE FAIN ET THUNOT,
Rue Racine, 28, près de l'Odéon.

www.ingramcontent.com/pod-product-compliance
Lightning Source LLC
LaVergne TN
LVHW010326230826
846091LV00009B/3773

9782019712822